JN410351

나비를 따라가다

이재석 시집

계간문예

나비를 따라가다

| 작가의 말 |

사운대는 바람이 데려다준 길
아직도 낯설기만 하다.
삶은
여전히 어제 같은 오늘이지만
그 행간마다 씨앗은 자라
숲을 이루고 바람이 인다.
내 소박한 사유의 기슭에도
새들이 날아와 날개를 접고
안식에 깃들기를 바라며.

2024년 봄, 이재석

| 차례 |

제1부

제2부

제3부

제4부

제1부

치자꽃 피면

너의 계절은 언제나 푸르렀다

7월이 오면 너에게서
치자꽃 향기가 났다

꿈에 젖은 나뭇잎
풀벌레 울음소리
돌아가 잊어버린
나의 여름은 아프게 지나가고

그 파아란 하늘가 잠자리 떼
붉은 날개 위에 뒤척이며 익어가던
주홍빛 그리움

달맞이꽃

땅거미 내리면

너는 피고

나는 지네

꽃이 피고 지는 것은

너에겐 기다림이고 나에겐 이별이네

달무리 지는 밤

소맷자락 스쳐간 기다림은

한 잎 한 잎 수 놓은 우리의 슬픈 순명順命

네가 피고 내가 지는 별리의 간극

그 눈가에

별빛 쏟아지고 소쩍새 우네

숲길에서

혼자 걷기 좋은 숲길입니다

떡갈나무 상수리나무들이 수군거리고
청설모가 뛰어다니는 오솔길입니다

길은 숲에 잠겨 길게 걸어갑니다
돌부리에 채이는 뽀얀 발길과
손바닥을 휘젓던 칡넝쿨과
귀 쫑긋 세운 다람쥐들이 앞장서서 갑니다

나는 두 갈래 길 위에서
'가지 않은 길'*을 생각하며 망설입니다

숲속은 고요합니다
물소리도 고요합니다
고요 속에 나도 고요로 흐릅니다

* 로버트 프로스트의 시

여름밤의 소나타

어스름 짙어지고
아득한 고향 소리 들린다

갓 모내기 끝난 무논에서
밤 개구리들의
오케스트라 막이 오르면
달빛에 물든 숲속
뻐꾸기는 둥지를 품는다

쏴아~
한줄기 소나기 같은
8분음표 개구리 울음소리
플루트 트럼펫 바이올린 팀파니에 실린
'한여름밤의 꿈'* 서곡처럼 몽환적이다

유월 초승달도 지그시 눈을 감는
아득한 고향소리

* 멘델스존

반곡지에서

경산 반곡지
꽃비 흩날리던 날

산 그림자 허공에 살랑거리고
흰 구름은 물 위에 일렁거린다

수백 년 서 있는 사색은
왕버들 고목 사이 둘레길 걷는다

숲속에 잠든 호수에
꽃이 피고
잎이 지는
내 생애의 사계가 떠 있다

꽃비 흩날리던 날
환시幻視속을 걷고 있는
무상한 반영이
수묵화 한 폭 펼쳐놓는다

할머니 탱자나무

할머니 남새밭엔 탱자나무 울타리가 있었다

봄이면 향기가 뒤란 봉창 밑에 와서 기웃거리고
가을엔 노랗게 익은 꿈이 주렁주렁 달렸다

집 앞 회야강 강가에서
동생과 고동 한 양푼 잡아 와 삶으면
할머니는 탱자나무 가시를 뚝 꺾어 주었다
어쩌다 배탈이 나면 탱자 삶은 물을 한 사발 마시게 하셨는데
그럴 땐 신기하게도 잘 나았다

앞마당 감나무 그늘에 놀던 참새떼가 까치를 만나면
소스라치게 포로록 포로록 숨어들던
성미 꼿꼿한 할머니 혀에 찔려 질끔 거리던 눈물이
참새처럼 숨어들고 싶었던 탱자나무 울타리

할머니 남새밭 탱자나무 울타리에
노랗게 물든 가을이 탱글탱글 익어가고 있다

아라홍련

함안박물관 아라홍련 시배지
소서小暑의 여름날이 눈부시네

칠백 년 어둠 속에서
홀연히 깨어난 씨앗 한 톨
선홍빛 입술 열고
고고呱呱의 울음 터트렸네
먼 전설이 연잎에 구르네

순결과 청순이라는 꽃말보다
아름다운 그대는
어느 제국의 공주였던가

불꽃처럼 타올랐다
불꽃처럼 사라진 제국의 사람들
불꽃처럼 피어오르네

적막강산

소나기 한줄기 한밤을 때린다

어둠의 천지가 적막하다

요란하던 밤 풀벌레 울음소리

번개 속 칼날처럼 뚝 끊어지고

가뭇없는 찰나의 혼돈 속에

나도 모르게 주님의 손 꼭 붙잡는다

사막을 건너가는 낙타

낮달 따라 사막을 건너가는 낙타는
어름사니
외줄기 모래줄 타고
섭씨 70도 사막길 맨발로 걷는다
대륙에서 대륙으로 건너가는 것은
하늘에서 허공을 붙드는 일
마법 속 주문을 외고 합죽선을 치며
대륙붕 뿌리를 허무는 일
낙타가 바늘구멍을 뚫고 지나갈 때
한 판 굿거리 장구춤이 벌어지고
습윤의 오아시스가 범람한다

사막이 다시 서쪽으로 기울면
낙타는 동쪽으로 간다

부소산성

부소산성 성돌마다 비에 젖었네
부여융이 공주와 손잡고 오르던
칠월의 숲길엔
산나리 하늘거리네

백화정 연꽃 속에서 내려다보는
백마강은
비단 치맛자락되어 무심히 흐르네

고란사 바위틈에 솟은
애시러운 고란초
낙화암 3천 궁녀 다 어디로 갔는가

황포돛배 뱃전에 부서지는
망국의 슬픔이여
해지는 백마강에 흘러가는 비탄이여

창밖엔 비 내리고

오늘 또 만났다 어제처럼
언제봐도 정겨운 친구들
설 연휴 그냥 지나가나 했는데
글쟁이 황권사가 번개를 쳤다

마침 비도 온다
겨울비답지 않게 많이도 온다
온천장 바담맛집으로 모여들었다
포도鋪道에 떨어지는 빗방울처럼
기름진 설음식 끝엔
매콤한 코다리찜이 제격

빗속을 가르며
낭만의 카페 찾아 드라이브
아메리카노 레몬티 플레인스콘
테이블 위에 피어나는 우리들의 함빡 수다
창밖엔 비 내리고

나뭇잎에 쓴 편지

우체국 나무 벤치에도
가을이 내려앉았다

철새는 남쪽으로 날개를 젓는데
저 마른 나뭇잎들은
어디로 가는가

은행잎처럼 머리를 기대고
슬픔을 포개던 캠퍼스 친구들

나뭇잎 지고
가을 깊어 가는 날
우체국 빈 벤치에 앉아
노란 나뭇잎에 소인消印을 찍는다

내 안에 슬픔이

사월이 오면 내 안에 목련꽃 핀다

봄날의 교정엔
목련꽃 눈부시게 피었다
세라복 카라에도 단발머리 하얀 얼굴에도
막 내린 조조 극장 화면처럼

목련 나무 그늘에 앉아
'데미안'과 '갈매기의 꿈'을 재잘거리던
그리운 친구들

사월이 오면
지금도 그 벤치엔
까르르 까르르 목련꽃 피고 있을까
환한 눈물처럼 피고 있을까

꽃이 지고 잎이 지면
청춘도 지고 마는 것
아프게 피었다 지고 마는 것

사월이 오면 내 안에 슬픔 한 송이 핀다

연화리 물새

해풍에 묻어오는 비릿한 봄 내음이 시리다

파랑이 달려오다 맥없이 쓰러지는 방파제엔
붉은 등대 초병이 포구를 지키고
선창가 고기잡이 배들은
노아의 방주처럼 떠 있다
끼룩끼룩 갈매기 한 떼
오후의 눈부신 윤슬 펼쳐놓고
숨 가쁘게 자맥질한다

철썩철썩 부둣가에 들러붙은
빈 조개껍질 같은 포장마차
군상들의 호객 소리 사이로 해조음이 흐른다
멍게 소라 가리비 홍합
뽀얗게 우러나는 그리움

언젠가
모래톱에 묻어 둔 그 여름밤의 노래가
동백꽃 꽃잎처럼 하르르 피어나는
봄은 다시 와서
제 노래를 부르는 연화리 물새들

연화리: 부산 기장바닷가 작은 어촌마을

물매화

그리도 수줍어 밤빛으로 피었나

하얀 물매화

구름처럼 내 가는 길

어두운 밤 별무리로 피었나

예순의 가을바람

그 향기 속절없이 흘러가느니

미로

미로, 오늘은 너에게서 토브토다 샴푸 향기가 나네

너는 지독하게 물을 싫어하는 이국의 귀족
그래도 어쩌겠어
귀족은 굶어도 위신인데

한 번은
흠뻑 물세례를 맞아야지

산뜻하게 목욕하고
뽀송뽀송하게 드라이하고
명품 조끼를 입고
방울 목걸이를 흔들며
우아한 몸짓으로 구름 속을 걸어야지

미로, 오늘은 하늘에서도 토브토다 향기가 나네

미로: 애완견의 이름

사랑은

봄볕에 터지는 그리움입니다

노란 잔디 사이로
여린 눈새기꽃들이
꼬막손 펴들고
여기요 여기요 하면서
햇살 한 움큼씩 받아들고
활짝 웃습니다
수선화 개나리 목련도
그리움을 터뜨립니다

사랑은
아가들 웃음소리처럼
봄볕에 펑펑 터뜨리는 것입니다

여자의 바다

그 작은 바닷가 마을에도
샹송이 흐르는 레스토랑이 있다

피아노 건반 위에서
여자의 긴 손가락이
하얀 숭어 떼처럼 뛰어다닌다

흑백 건반 사이를 오르내리는
아득한 그녀의 시간들이 파닥거린다

밤바다에 뭇별들이 쏟아져 내린다

못내 달빛은 밀려왔다 밀려가는데
우울한 샹송은 밤새 철썩거린다

태종사 수국

영도 흰여울
태종사 숲길 따라
수국꽃 지천으로 피었네

그리움이 그리움을 품듯
꽃이 꽃을 안고 숭어리숭어리 피었네

법당 앞 서성이는 어린 여승
가사 적삼 먹물 번지듯

쏴아르르
자갈밭에 스러지는 포말은
머나먼 시공時空의 노래
두고 온 사바의 꿈이었네

상족암

차르륵차르륵
파도가 해종일 책장을 넘긴다

억겁의 세월
바람이 읽다 가고
별들이 읽다 간
저 수십만 권의 책
주인은 어디 가고
빈 상에 공空 한 상 차려져 있다

물이끼 파랗게 낀 행간 속에서
새소리가 들린다
조개울음 소리가 들린다
아기 공룡 울음소리가 들린다

차르륵차르륵
불현듯 나도
자란만* 해풍처럼 책장을 들추다가
가슴에 시퍼런 공 하나 뚫린다

상족암: 고성군 하이면 덕명리 바닷가에 있는 바위
* 자란만: 고성군 하이면 앞바다

제2부

묘박지

영도 흰여울 작은 카페에 앉아
출렁이는 바다를 내려다본다

닻을 내린 외항선들 자는 듯 조는 듯
오후의 햇살을 뒤적거리고 있다

어느 먼 이국의 파도를 헤치고 왔는지
펄럭이는 깃발은 말이 없다

미지의 희원을 향해 닻을 올리기엔
녹슨 상처가 버겁다

삶은 험난한 바다를 향해하는 것
나의 닻을 내릴 묘박지는 어디일까

나의 구름

당신은

‘구름으로 하늘을 덮으시며
땅을 위하여
비를 준비하시며
산에 풀이 자라게 하시며’*

내 작은 뜰에 씨앗을 틔우고
잔잔한 날개로 꽃잎을 날리며
감사의 열매 맺게 하시는
당신은
만지면 금이 갈 듯 맑은 하늘
언제나 내 곁에 머무시는 구름

* 성경: 시편 147 : 8

그린 위에서

고요하다
미처 깨지 않은 새벽이슬
필드로 가는 걸음이 맑다

맞바람을 뚫고
창공을 나르는 드라이버 샷
아차 하면
오비 또는 벙커 해저드

커다란 포물선을 그리는 드라이버 굿 샷
투온으로 감출 수 없는 비상이다
황소 눈망울 같은 홀컵 속으로
말똥구리 구르듯 굴러떨어지는 버디의 투명한 공명
그 소리 듣기 위해 바르르 숨이 멎는다

삶의 여정에도
돌고 도는 난코스는 있어
저 넓은 그린 위에 시원한 샷을 그려본다

눈 내리는 날

내 유년의 뜨락에 눈 내리네

새들이 날아간 빈 가지에도
꽃잎 진 마른 돌담길 밀밭에도

첫눈이
숨바꼭질하던 우리의 뜨락에서
그날의 약속처럼
함박눈 주체할 수 없이 내리면

꼭 한번 묻고 싶네
눈 내리던 날 그 아이
그 눈 속의 말을

축복

가을빛 고운 날
둘째는 엄마가 되었다

탄생은 인연이고
생명은 필연이라 했던가

많이도 두려웠을 거다
누가 대신해 줄 수 없는 고독한 산고
혼신 다해 겪었을 일을 생각하니 가슴이 멘다

엄마의 자리가
처음이라 많이도 서툴고 미숙할 거다
하지만 아가가 자라면서
따뜻한 체온 함께 느끼며 채워가는
사랑
그 무엇과 비교할 수 있으랴

소중한 새 생명 꼭 안고
행복에 젖어있는 딸의 모습
세상에
이보다 더 고귀한 은총이 어디 있을까

산책길에서

겨울가지 끝에 걸린 찬바람이
옷깃을 움킨다
하천가 늘어선
네온 불 걸친 벚나무들 추위에 떨고 있다

고층 아파트 불빛과
질주하는 자동차 불빛들이
뒤엉켜 흐르는
세병교 아래 밤 물결이 눈부시다

별빛 흐르고
반딧불 부시던 온천천에
도시의 욕망이 흐르고 있다

물맛

사십년 함께 앉은 식탁
담백하고 씀씀한 음식을 좋아하는
쓴맛 단맛 입맛까지 닮은 사람

정수기 한번 터치하면
시원한 물
따뜻한 물
뜨거운 커피 물까지 다 내어놓는데도

꼭 약수만 고집하는 옆지기는
아침마다 뒷산 약수터에 올라
깨알 같은 조간신문 다 읽고 나서는
물 한 통 들고 온다

한 식탁 한자리
평생을 함께 앉아 있었는데도
물맛만큼은 달라
사십년 지기는 오로지 생수

나비를 따라가다

화장대에 앉아 창밖 표정을 본다

오늘 저녁 만찬엔

수선화 꽃잎 머리핀이 어울릴 것 같다

노란 큐빅 나비 한 마리 날개를 활짝 폈다 접는다

젖지 않은 바다에서 자맥질하듯

행간마다 사뿐사뿐 내려앉는 날갯짓

어느새 검은 바다의 숲속이 허전하다

기울어진 오후의 바다가 쓸쓸하다

세느강은 흐르고

그날
바트무슈 유람선은 우리를 세느강으로 데려갔다

양안의 푸른 풀밭과 하얀 벤치엔
젊은 연인들의 밀어가 붉게 피고
꽃들은 활짝 웃음을 던져 주었다

오르세 미술관 지나
노트르담 성당 지나
웅장한 고딕의 물결 속에
에펠탑도 하늘 높이 손을 흔들어 주었다

미라보, 퐁데자르, 퐁네프 서른일곱 개의 조각들
저마다 뽐내는 각선미에 눈물이 핑 돌았다

어느덧 세느강에 노을이 내리고
은은한 샹송이 흐르고

그날
우리는 그만 길 잃은 집시가 되었다

순종이란

섬김으로 얻을 수 있는
고난의 열매

주님의 사랑으로
온전히 헌신하는 것

사랑은 믿음을 낳고
믿음은 순종을 낳는 것

순종한다는 것은
주님의 마음을 담아

낙타의 무릎으로 기도하는
진정한 믿음의 길

비와 커피

비 내리는 날
저녁 창가에서 커피를 마신다

가슴을 적시는 향기가
잊고 지낸 시간 속으로 오련히 퍼진다

그 언제였던가
비 오는 가을밤
남포동 클래식 음악다방 전원
쇼팽의 '빗방울 전주곡'은 유리창에 흘러내리고
빈잔엔 우리의 시간도 흘러내리고

오늘같이 비 내리는 저녁이면
앨범 속 아득한 선율
너의 비꽃이 에스프레소로 벙근다

그 고왔던 꽃이

어머니
거실창을 넘어온 햇살이
옥살리스 꽃잎처럼 팔랑거립니다

올망졸망 다섯 남매
앞날 환희 밝혀 주신
그 따뜻한 품속은 저런 햇살이었지요

종갓집 맏며느리로
한시도 손 마를 날 없는 순명
명절이 다가오면
많은 제관들 두루마기 손질이며
허리 접히도록 놋그릇 닦으시고
몇 날 며칠 밤낮을
차례상 준비에 온 정성 다 쏟으시고
돌아서면 또 제사, 차례, 묘제
그 힘든 일 내색 한 번 않으시고
어떻게 그 세월 견디셨어요

고달픈 시집살이
깊은 주름 굳어버린 손마디에 허리까지 굽어
나날이 약 봉투만 늘어 갑니다

어느새 세월은 서산에 걸려
그 고왔던 꽃이
웃음마저 잃어버리시고 쓸쓸히 사위어 가는
어머니!
가슴만 먹먹하게 메어옵니다

나의 애기愛器에게

거기, 언제나 눈 마주치는
TV 옆 홀로 서 있는
클래식 콜트 기타

가까이 있어도
손길은 멀어
나는 언제쯤 저 말 없는
공명의 수심으로 들어가
그리운 알함브라 궁전의 추억을
탄현할 수 있을까

저기, 여섯 줄의 곡예사가 되어
찬란하게 질주하리라
언젠가는

다시, 선율은 흐르고

가을빛 짙게 물들어가던 날
오랜만에 찾아간 동래문화회관
추억 깃든 통나무 벤치가 먼저 반긴다

코로나19에 갇혀 있던
단원들의 재회
너무나 반가워 얼싸안고
한바탕 떠들썩한 오케스트라 연습장
쿵딱거리는 가슴 가슴들
따뜻한 커피 한 잔으로 다독인다

지휘자 손끝에서 춤추는
멘델스존의 감미로운 음률
에메랄드 물결에 젖어 드는 단원들

오랜 기다림 속에
잠자던 바다는 다시 출렁거리고

퍼블릭 가든에서

찰스 강변 따라 퍼블릭 가든까지 걸었다

칠월의 강물 소리와 풀 내음
키 작은 꽃잔디, 스토케시아 꽃들이
한 번쯤 와 본 듯 낯설지 않다

아들의 유학길 오른 버클리 음대
그 맑았던 눈망울
먼 길 걷는 힘겨움에 눈시울이 붉어진다
열매를 맺기까지 지나야 할 언덕
따가운 뙤약볕도 견뎌야 하느니
애써 아려오는 가슴을 삼킨다

퍼블릭 가든
미국 최초로 만들어진 공원답다
아름드리 나무들은 조용하고 한적하다
곱게 다듬어진 잔디밭 위로 물떼오리 새끼들이
어미 꽁지를 물고 따라간다
강아지와 노부부가 허리 굽혀 라벤더 향기를 맡고
왕벚나무 구멍에서 반짝이는 청설모 눈과 마주친다

낡은 나무 벤치에 앉아
아들의 꿈을 그려 본 것들이
마치 어제 일만 같다

가을이 가네

범어사 계곡에도
가을이 내려앉았네

수심에 젖은
억새풀 흰머리 날리고
붉은 나뭇잎들
합장하듯 길 위에 구르네

뽀얀 황톳길 따라 여울물 지즐대고
자욱한 연기로 펴지는
저녁 범종 소리

어느새
내 푸른 계절도 마른잎
갈바람에 나부끼네

봄비

지난밤
봄을 재촉하는 가는비 내리더니
앞마당 목련 나무에 새순 돋는다

내 작은 창가에도
먼 산들이
연둣빛을 몰고 와
한 폭 수채화되어 걸리고
퐁퐁퐁 멧새들이 아침을 깨운다

홍매화 울음 톡 터질 것 같은
오늘 아침
내 마음에도 새순 돋는다

가을을 줍다

곱게 물든 단풍잎에
구름 한 점 앉았다 가네

툭
떨어지는 알밤 소리
바람도 놀라
가던 길 멈추네

가시 송이 헤집고 고개 내민
외톨이 밤 혹은 쌍동밤
더러는 벌레 먹은 쭉정밤

거센 비바람도 굴하지 않고
묵묵히 견뎌낸
저 찬연한 성과聖果 한 줌

사유

덩치 큰 민어 한 마리 도마 위에 누워있다

비늘을 치고 지느러미 자른다
꽁꽁 얼어붙은 생체 토막 내느라 사투를 벌인다
아가미 깊숙이 눈 부릅뜨고 숨어 있는
붉은 심장
살아 있는 듯 힘도 세다
죽어서도 선뜻 허락하지 않는
저 물살을 가르던 자존

생은
사후의 세계에서도 존재하는 것

문득 손이 시려온다

눈물 젖다

마른 잎새 위에 서녘 빛이 내려앉는다

벌레 먹은 떡갈나무 둥근 상처는

푸르렀던 꿈의 흔적

한 번 붉어 보지 못하고 맺어버린 아픈 조락

찬바람에 나부끼는 그리움이

벌거벗은 우듬지에 걸려 떨고 있다

젖은 세월이 어깨 위에 내려앉는다

가을 스케치

햇살 고운 날
파도소리길 걷습니다

스산한 사유는
억새 바람에 나부끼다가
쑥부쟁이 향기 속에
잠시 머물다 갑니다

마른 잎에 스치는
휘휘로운 마음이
저 바다 끝에 걸리는
눈시울 붉어지는 가을입니다

제3부

겨울, 동백섬

무수히 쏟아지던 그 여름밤의 별빛

밀어가 쓸려간 모래톱엔
조가비만 남아 꿈속에 젖어있다

밀려오는 해풍은 파동을 맞으며
입술 꼬옥 다물고
저녁노을 가슴 저미는
동백섬 접동백

끼룩끼루룩 갈매기 따라 걷는
연인들의 해파랑 갈맷길
오륙도 등댓불도 아스라이
파도보래 속에 누리마루 잠들고

해운海雲이 지나가다 봇짐 헤치고
먹 한 방울 툭 떨궈놓고 간
겨울, 동백섬

쟈스민 꽃잎차

봄비 내리는 날엔
부드러운 빗소리처럼
가만가만 오시는
그대 발자국 소리 듣고 싶습니다

밤의 고요를 깨우며 보글거리는
찻물에
꽃잎 띄웁니다

잘 우려낸 차향은
제 몸 풀어 피어나는
감미롭고 싱그러운 순결입니다

사랑은
한 잎 꽃잎이 되어
찻잔에 떠다니다
그대의 영혼 속으로
고요히 스며드는 것입니다

뉘우치다

새벽의 고요를 열어
주님을 바라봅니다

믿음은
말씀에 비추어
연약하고 우둔하여
뉘우침 없는
미욱한 일상입니다

돌아보니
여전히 미련스러워
다급할 때만 주님을 찾았습니다

그럼에도 불구하고
주님은
나의 주님입니다

직지사

천년 바람 따라 일주문 들어섰네
유월의 숲에서
팔랑거리는 햇살과 꽃들이 반기네
그이와 걷는 산사의 오후
계곡물 산새 소리가 청아하네

걸어서도 경전 한 권 뗀다는
윤장대 한 바퀴 돌아
비로전 칠보단장 꽃살문 앞에서
아득한 성자聖者* 그 눈빛을 보네

신라 아도화상이 피웠다는
천년의 꽃
임진란 사명대사 창검 끝에 피었다가
고려 조선 국난 앞에 스러진
그 꽃 몇 떨기이던가

천불전 앞에 허리 굽히고
감로수 한 바가지 시원하게 들이키는
노신사의 경건한 뒷모습에
붉게 물든 석양이 소리 없이 내려앉네

* 아득한 성자: 백담사 조오현 스님 詩에서 인용.

꽃들의 향기

아직은 설익은 중년
고운 눈길 여고 동창생들

오랜만에 맡아 보는 청춘의 꽃향기
가만가만 내리는 봄비 속에
수국 빛 얼굴로 만났네

꽃의 향기는 백 리를 가고
덕의 향기는 만 리를 간다는데

앨범 속 단발머리 소녀들이
커피잔에 피어나고
교실이 떠나갈 듯 떠들던
그 옛날의 수다는
내리는 비처럼 그칠 줄 모르고

외손주는 새실쟁이

뭐가 그리도 급한지

돌도 되기 전에 옹알이도 떼기 전에
말 가르친다고
어엄 마~ 아~빠아
말을 물고 오물거리기만 하는

어느새 날개 돋아 어린이집 다닌다
또래들보다 말이 늦다는 걸 알았다

성미 급한 에미, 마음만 동동거리다
언어센터도 가보고
몬테소리 놀이방도 가본다

드디어 봇물이 터졌다
날아다니는 달변가가 되었다
할머니!
이 한마디에 껌벅 넘어간다

때가 되면 다 되는 것을

밤새 추억은 철썩거리고

우리는 칠월의 햇살처럼 뜨거웠다

네비게이션도 더는 모른다는
제네시스 바퀴가 현기증 나도록 투덜거리는
바닷가 섬 동네 소라고둥 길

몇 채의 작은 조개껍질 집을 지나
하얀 지붕의 예배당을 지나
언덕배기 그곳
친구의 별장은 가히
거제도 앞바다를 품은 한 폭 수채화였다

아치형 철제펜스 안의 정원은 아름다웠다
태양을 연모하는 해바라기 그늘에서
새빨간 칸나와 백합꽃 릴리가 뜨겁게 반겼다
밀물과 썰물은
먼바다를 꿈꾸듯 나무그네를 밀었다 당겨주고
유럽형 원통 그릴은
우리의 저녁을 위해 몸을 달구고 있었다

바닷가 그린 위에서 우리는 시원한 굿 샷이었고
짭조롬한 바다내음과
철썩거리는 조약돌

밤새도록 바다는 한 장씩의 추억을 넘기고
우리는 48페이지의 그림책을 넘겼다

전화하셨어요

휴대폰 열자 엄마가 보였다
침대 밑바닥도 제대로 딛지 못하시는
발끝 떨림이 화면에 꾹꾹 찍혀 있다
오래도록 신호음만 매만지고 계셨을
엄마의 근심을 나는 서둘러 검지로 눌렀다
“전화하셨어요?”
“그래, 별일 없는 거지?”
앞뜰 고욤나무 빈 가지엔
직박구리 한 가족 날아와 지저귀고 있었다

단풍 들다

내원사 법당 앞에도 가을이 내려앉았다

저녁 공양 마친 젊은 여승이 뜰을 거닐다

감로수 석조에 가라앉은

가부좌 튼 단풍잎에 눈길 멎어 합장한다

두고 온 푸른 날들이

이끼 낀 석등 불빛에 깜박거리는데

가사 적삼 속 붉은 가슴이 더 붉게 물든다

나른한 오후

오후의 햇살이 커피잔에 일렁인다

오랜만에 선 무대 시네마 콘서트
그 뜨거웠던 열기가
커피 향처럼 피어오른다

모차르트의 클라리넷 협주곡
2악장 아다지오가
'아웃 오브 아프리카'의 배경이 되어
깊어가는 가을밤을 수 놓았다

오케스트라 일원으로 설레던 연주가
열광하는 관객 속으로 황홀하게 스며들었던 밤

나른한 오후가
선율의 잠 속으로 데려간다

나만의 방

노크 없이 아무 때나 드나드는

남편을 아예 건넌방으로 몰아낸
흙 침대 위엔
책과 노트북과 돋보기안경과 유니크한 쿠션이
설익은 습작품들과 뒹굴고 있다

창을 열면
산새들이
하루에도 열두 번 물어다 주는
메타세콰이어 향기

사유의 커튼이 드리워진
시의 품속에 잠드는 나의 밀실

한 점 바람인 것을

천성산 양지바른 무덤가
녹음 짙은 칠월의 숲 내음이
생전 아버지의 기침 소리처럼 깊다

일년 전 이곳으로 오신 아버지
우리 다섯 남매
어머니 모시고 마음 모아 뵈온다
오라버니와 두 남동생이
생전 술 한잔 못 하시던 당신께 올리는 술잔에
그리운 순간들이 선연히 떠오른다

초록의 계절은 다시 와도
메워지지 않은 그 빈자리
모두가 스쳐가는 한 점 바람인 것을

산 뻐꾸기 한 마리 구슬프게 운다

* 2022년 7월 16일 아버지 기일에

잃어버린 언어

사랑이 진열된 꽃집 앞 지나갑니다

봄은 저만치 와서 기웃거리고

꽃집 유리문 입을 반쯤 열고 방긋거립니다

복사꽃 여자가 나비처럼 들락거립니다

후리지아 향기가 나폴나폴 따라다닙니다

문득 그대가 궁금해서

노란 꽃잎 열고 안부 전합니다

봄이 온다고 후리지아 꽃이 피었다고

꽃집 여자 치맛자락에서

부재중 신호음이 하늘하늘 피어납니다

고백합니다

지금까지 지내 온 모든 것이
주님의 은혜였음을 압니다

따뜻한 안온의 일상도

가시밭 고난의 길도

존귀한 그 사랑

나의 미력을 다하여 사랑합니다

가천마을 다랑이 논

파도는 뭍에서도 친다

산허리 휘어감고
몸부림치는 공미리떼

바다에서 하늘까지
땀방울이 쌓아올린 억척 일백 계단
지친 파도가 비탈진 논바닥에 드러눕는다

봄이면 유채꽃
가을이면 벼들이 물결치는
가천마을 다랑이 논
바다는 맞바람에 가슴 풀어헤친다

저녁노을이 산마루에 내려 앉으면
쪽빛 물결에 파닥거리는 공미리떼 붉다

쉼표 없는 노래

삶이란
오선지 위를 걷는 쉼표 없는 노래

생의 간극마다 흐르는 선율은
즉흥 변주곡

햇살 눈 부신 날은 라르고
비에 젖은 날은 프레스토
화음을 조율하며 노래한다

살면서
힘들고 버거우면
쉼표 하나 쿡 찍어 쉬어가고
기쁨이 넘칠 땐 다시 되돌이표

바쁘게 돌아가는 수레바퀴 속에서
외줄 타는 삶이여
두어 박자쯤 늘린 페르마타의 여유로 가자

문득, 돌아보다

멍에처럼 끌고 온 그림자가 길다

어둠이 그림자를 삼켰다
그림자는 길을 잃었다

촛불이 검은 바람에 흔들렸다
우거진 숲에서
노래하고 춤추던 새들은 날개를 잃었다

걸어온 길은 늘 질척거렸다
묵묵히 따라오던 그림자 제 갈 길 간다

겨울 해도 제 그림자를 위해 서둘러 저무는데
돌아보니 내 그림자가 없다

가을이 데려다준 고향

어느새
허수아비 들녘이 금빛 물결이다

참새 쫓던 어릴 적 생각난다
대나무 간짓대는 왜 그리도 길었는지
훠이 훠이~ 새떼를 쫓으면
새들은 우습다는 듯
여기서 짹짹 저기 가서 짹짹
참새떼와 숨바꼭질하다
논두렁에 엎어지고 고무신 코가 찢어지고
그러다 산그늘 내리면 집으로 가던

참새 날던 들녘에는
아파트가 듬성듬성 들어서고
그리운 옛 정경은 흔적도 없다

나는 지금
따사로운 고향 햇살에 안겨
돌아갈 수 없는 들판에 서 있다

흔들리지 않는 나무

오래된 인연처럼
선한 웃음으로 다가온
꼭 한번 우리일 수밖에 없는 사람
그 인연 굳게 묶고
의지하고 토닥이며 함께한 사십여 년
거친 바람이 하늘을 덮어도
우리의 초원은 푸른 싹을 틔우고
희망의 불빛 찾아 허리띠 동여매며
헤쳐온 세파
화락의 순간들이 주마등처럼 스쳐간다
아픈 세월의 음절마다
소외된 이웃에게 사랑을 베풀며
아끼지 않았던 헌신
참 고맙고 듬직한 사람
낯선 도회의 네온처럼
화려하거나 눈부시지 않아도
언제나 소박한 외유내강
당신은
아낌없이 주는
한 그루 흔들리지 않는 나무

겨울 여행

겨울 바다 이수도에 섰다

밀려드는 파도가 눈부시게 파랗다

수평선 너머 떠오르는 그림자 하나

그대가 서 있는 것만 같아

파도에 띄운 눈빛 그대에게 닿을까

오래전 떠난 고깃배 물결 넘어

돌아오지 않는 그날들

제4부

나목

새벽 산책 나선다
볼 시린 바람 앞에 마주 선 나목들
뜨거운 숨결이 흐른다

마른 옷 하나 걸치지 않은
벌거벗은 나무들
가부좌 튼 몸으로
동안거冬安居에 들었다
성긴 나뭇가지 사이로 내리는
햇살이 눈부시다

찬바람 울음소리 그치면
이내 봄은 다시 와
새움 틔워 무성한 숲이 되리니

지금, 그곳에는

지금쯤 동백꽃 피었겠다

밤바다가 불러주던 세레나데
에메랄드빛 물결 위에 반짝이던
그대의 윤슬
시집을 읽다 접어 둔 페이지처럼
허공을 긋던 수평선
곱게 핀 동백꽃 눈웃음이 사랑스러워
말없이 걷기만 하던
그 어스름 속 해변의 실루엣

먼 별빛을 부르는 파도 소리에
그립다는 문장 한 줄기 실려 와
소환된 꿈이 되어 철썩이는데
지금쯤
그곳에는 동백꽃 만발하겠다

봄, 문광저수지

문광저수지 둘레길

봄빛이 돈다

아직은 손끝 시린 겨울 뒷자락

물위에 사뿐거리는 햇살 한 줌에

나뭇가지 파르르 눈을 뜬다

지난 계절의 이야기

노랗게 익어가던 우리의 이야기가

하르르 물안개처럼 피어오른다

광안대교 지나며

섬과 섬 사이 오가는 불빛들이 눈부시다

나는 매주 목요일 오후 5시면 차를 몰고
시계추처럼 광안대교를 건너다닌다
해운대 극동방송국 합창 연습이 끝나면
부산 예술회관 4층 강의실로 간다

수영만 요트 계류장에 쉬고 있는 흰 갈매기 떼
보트는 하늘에 떠 있고 나는 바다에 떠 있다
고층 아파트들이
스카이라인을 하늘 깊숙이 밀어 올리고 있다

광안리 바다는 계절마다 옷을 갈아입는다
여름엔 흰 돌고래가 파닥거리고
겨울엔 붉은 스카프가 황령산 허리에 감긴다

오늘도 나는 다리 위에서 차창을 내리고
밀려오는 언어의 파도를 사유한다

솜사탕을 안고

수아야, 너는
이 할미를 녹이는 솜사탕이란다

작년만 해도
네 키만한 플루트를 들고
푸푸~
악기를 입에 대고 목소리로는 '나비야 나비야'
'할머니 나 잘 부르지!' 하던
어느새 훌쩍 자라
내 무릎에 앉아 쉬지 않고 재잘거리던
너는
이 할미를 홀딱 녹이는 솜사탕이란다

다섯 살 아이가 언제 그리 배웠는가
TV 앞에서 깨금발로 빙글빙글 돌아가는 발레는
네 엄마 때보다 훨씬 나은 솜씨란다

이제 너의 꿈 한없이 부풀어 올라
하늘과 땅을 녹이는
큰 솜사탕 되거라

낙서

먼바다 끝에 서 있는 비밀
철썩이는 설렘도 아닌
아릿하게 퍼지는 물거품

아득히 쓸려간
시속 60킬로 회백색 시간들이
물새처럼 날아왔다 날아간다
모래톱에 고인 발자국 속으로
그림자 하나 어른거린다

성긴 햇살 한 줌 펴 놓고
가만히 그려 보는 일몰

나의 기도

지극히 은혜로우신 주님!

주님을 알게 하시고
나보다 먼저 사랑하여 주신 주님께 감사합니다

내 영혼이 주의 사랑으로
주님의 음성을 듣게 하시고
신령한 은혜를 사모하게 하시고
기도와 헌신으로 주님께 나아가
구원의 복된 소식을 증거하는 삶되게 하옵소서

날마다
지혜와 분별의 영을 더하여
거룩한 도구로 쓰임 받게 하옵시고
하나님을 영화롭게 하는 삶이 되게 하옵소서

한 점 흘러가는 구름에도
옷깃을 스치는 바람에도
별빛 쏟아진 푸른 물결에도

이 모든 것이 한 편의 시가 되게 하옵소서

철조망 할아버지

학교 가는 언덕엔 복숭아밭이 있었다
봄이면 온 동네 복사꽃
아이들도 붉게 물들었다

복사꽃 진 자리
복숭아가 주먹만큼 커지면
복숭아밭 할아버지 해진 철조망을 손질했다

복숭아가 여름처럼 익어가면
아이들 입가에는 붉은빛이 돌았다

어느 날
미자가 우리를 동네 어귀 밭두렁에 앉혀 놓고
떨리는 손으로
복숭아 서너 개를 치마 속에서 꺼내 놓았을 때

우리는 동그란 눈만 껌벅거리고 있었다

대왕암에서

모처럼 가족 나들이 갔다
기암괴석 사이로
은빛 바다가 넘실거리고
키 작은 소나무와 해국은
수평선이 그려 놓은 한 폭 수채화다

해안가 황톳길 따라 걷는
아빠와 아들
그 뒷모습이 하도 정다워
휴대폰 동영상 찍다가
너무도 닮은 모습에 놀랐다

어느새 세월이 그렇게 흘렀는가
아빠 손잡고 타박타박 걷던 때가
엊그제 같은데
아빠보다 한뼘이나 헌칠하다

뜬금없는 애잔함이
남편 어깨 위에 걸려
저녁 햇살처럼 흔들리고 있었다

대왕암: 울산 일산동 앞바다에 위치.

한눈팔고 사는 여자

세모가 정신없이 지나간다

오케스트라연주, 방송국합창, 크리스마스칸타타, 송년회…

연말 행사들이 잰걸음을 친다

필시 본분은 전업주부인 것을

날마다 여위어가는 냉장고가

식탁 위의 숟가락들이

투덜대며 눈 흘긴다

찬바람에 숲이 빙빙 돈다

사라오름 눈물꽃

길 없는 길 따라 사라오름 올랐네

한라봉을 머리에 이고
원시림에 묻힌
하늘보다 맑은 호수

사슴 한 쌍 풀을 뜯다
물에 비친
또 한 쌍 사슴을 보네

눈향나무 아래 흰그늘용담꽃
삼다도 비바람 맞으며
온몸으로 피웠네

여리디여린 아기 사슴꽃도
어미의 아린 기억으로 피었네

오가는 옷깃마다 스치는 눈물 꽃
무릎 꿇어 눈 맞추네

오륙도

격랑에 쓸리는 저 몸부림
어찌 혼자만의 울음이겠는가

바다와 바다가 수계를 넘어 시퍼렇게 멍드는 건
사람과 사람이 어우러져 사랑하는 일

네게로 가는 물은 지척인데
노둣돌은 다섯이다가 여섯이다가

내 안에 가물거리는 섬 하나
착시 같은 사랑 하나쯤은 숨겨 두어
그리 외롭지는 않겠다

향수

회야강 구십 리 물길 따라
양지녘 용암마을

봄이면
진달래가 강바람에 멍울 맺고
물안개 낀 대지엔
유채꽃이 지천으로 피었지

들녘 징검다리
산천은 그리움에 흘러가고
된장 풀어 끓여주시던
어머니의 쑥국 한 그릇
고향 맛에 젖어 보는 하뭇한 봄날

비 오는 날의 해운대

약속은 우리를
비 오는 해운대로 데려갔다

바다는 짙은 해무에 안겨
신기루처럼 보였다 사라지고
파도가 부려다 놓은 포말이 몽환적이다

바다에 우뚝 선 하얏트 32층 다이닝룸
확 트인 유리창 너머 광안대교
내리는 비 사이 수영만 요트 경기장 넘실거린다

고풍스럽고도 아늑하다
잔잔하게 흐르는 클래식 선율
에스프레소 곁들인 지중해식 런치 황홀하다

그날
무르익은 수다는 추억으로 여며 들고

회야강에서

유년의 강가에 섰다
가을 햇살 헤적이며
맑은 눈망울 흘러간다

아버지 전근 가실 때마다
강원도 양구로
경남 서창으로
국민학교 두 번, 중학교 두 번이나
옮겨 다니던
낯설고 수줍은 아이가 흘러간다

강물은 흘러서
바다로 가겠지만
내 안의 강은
어디로 흘러 가는가

잔물결로 흐르다가 부딪히기도 하고
가끔은 범람하던
청보리밭 바람결 같은 꿈
수심을 알 수 없는
강물은 소리 없이 흘러가는데

운문사

섬돌 딛고 법당 앞 둘러보네
경내엔 솔 향기 자욱한데
지팡이 짚고 서 있던 늙은이가
“보살은 어디서 오셨는가” 흘겨보네

해마다 꽃피고 잎 지는 계절이면
앳된 비구니 스님들이
안주도 권주가도 없는
막걸리 열두 말 공양으로
시퍼렇게 기운 돋아드린다는
‘오백 년 처진 소나무’
술에 절인 듯 축 늘어져 있네

‘나를 비우면 모두가 편안하리라’
극락교 돌비석에 새겨진 경전 한 구절이
사바의 삿된 것 다 내려놓고 오라 하네

구름도 쉬어가는 산사에서
저녁노을에 취했다가 문득 돌아보니
저 노송이

술에 취해 늘어진 것이 아니라
방하착放下著을 일러주는 것이네

거울

화장을 하다 눈이 마주쳤다
갸름한 코와 얇은 입술과 흘러내린 머리카락 몇 올까지
정확한 대칭이다
나와 닮았으나 그는
내가 오른손으로 빗질하면 그는 왼손으로 빗질하고
내가 오른쪽 눈을 감으면 그는 왼쪽 눈을 감는다
누군가가 나를 비춰본다는 것은
내 전부를 뒤집어 살핀다는 것
고요히 정중동의 자세로 마주 보는
서로의 눈가에 미묘한 웃음기가 스친다

겨울 안부

앞마당 겨울새들이
간밤의 안부를 묻듯
소란스럽게 아침을 깨웁니다

노랗게 방황하는 나뭇잎이
슬프도록 아름다운 것은
빈 가지에 걸린
하얀 햇살 같은 노래 때문입니다

소복소복 함박눈 쌓이는 날
다들 어떻게 지내는지
가슴 먹먹한
겨울 안부가 궁금해집니다

목마

병실 안 형광등은 실명 직전이다
일어서기 위해 누워있는 침상 시트가 눈물겹다

하늘 가까이 둥개 둥개 목마를 태워주던
붉은 카펫 위 면사포의 손을 꼭 잡아주던

준마의 바퀴는 녹이 슬고
빛나는 이력은 마른 계절로 시들었다

거미줄 타고 떨어지는 링거 수액에
가슴과 가슴이 젖는다
세상을 누비며 휘날리던 갈퀴가
저 목마의 여윈 목에 감겨 있다

아버지

세상이 캄캄했습니다.

무더위가 기승을 부리던 이천 이십일 년 칠월 십육일 이경, 운명하셨다는 부음을 받고, 순간 모든 애착도 아픔도 허망하게 밀려오는 회한이었습니다. 갑자기 쏟아지는 소낙비가 더욱더 꾸지람처럼 엄습해 오는 것은 코로나19란 얄궂은 역병에 병상을 지키지도 못하고 면회도 제대로 못 한 불효를 질책하는 것만 같았습니다. 용서하소서 아버지.

종가 집안 장손이란 굴레 속에 평생 무거운 삶 짊어지시고, 세상사 재미 하나 없이 그 흔한 술 담배도 아니 하시고 오직 교단에서만 사십년을 학생들과 곧고 바르게 교과서처럼 사셨던 아버지, 존경하고 사랑합니다.

어느 날 갑자기 입원하시던 날, 담당 의사 선생님이 아버지의 병상에 걸린 명패를 보시고 "우리 중학교 은사님이시다."라며 깜짝 놀라 안타까워하면서 정성껏 돌봐주셨지요. 병원에 계시는 동안 아버지처럼 머리가 하얗게 센 제자의 사랑을 듬뿍 받으셨습니다. 아버지는 평소 훌륭한 제자를 많이 양성하셨지요. 제자들이 명절 때면 찾아와 큰절 올리고 그중에는 월사금도 못 내는 어려운 제자들도 있었는데 당신은 그 얇은 월급 봉투까지 쪼개어 눈물의 졸업장을 손에 쥐여주기도 하셨습니다. 한 번은 제자들이 "우리 선생님은 남다른 교육 열정으로 엄격하시고 무섭기도 하셨지만 참 자상한 선생님이셨다"라며 소탈하게 아버지와 훈훈한 대화 나누시던 모습이 어렴풋이 기억납니다. 아버지는 저희 5남매의 등불이며 자랑이었음을 늘 가슴 깊이 새기며 자랐습니다.

교직에 계실 때, 밤늦게 돌아다니며 여러 사건 저지르는 불량학생 단속하시면서, 행여 당신의 딸자식도 나쁜 길로 빠질까 봐 걱정되시어 해가 지기 전에는 반드시 집에 들어와야 한다는 불호령에 그 흔한 미팅 한 번 못 해 본다고 눈 흘기며 철없이 시위도 했었지요. 아버지는 그 반란을 잠재우려 피아노까지 할부로 사주시면서 애써 달래 주셨습니다. 그 피아노 세월이 한참 흐른 지금도 제 곁을 지키고 있습니다.

그때는 그랬나 봅니다. 흉허물없이 곱게 키워 출가시키는 것이 아버지의 속 깊은 사랑이었음을, 세월 흘러 가정 꾸리고 자식 키우면서 알았습니다. 지금 생각하니 헤아릴 수 없는 아버지의 다함 없는 사랑, 한없는 그리움입니다.

보고 싶은 아버지! 이제는 눈물도 아픔도 없는 주님의 품 안에서 편히 쉬소서.

천국에서 편히 쉬소서.

— 2021년 7월 아버지의 맏딸 재석 올림

해설

| 해설 |

숨은 향기와 음악의 선율

— 이재석 시집 《나비를 따라가다》

강영환 (시인)

시인마다 시를 쓰는 이유는 다르겠지만 공통적으로 느끼는 감정은 비슷하리라 생각한다. 시인이 시를 쓰는 이유를 몇 가지 들어 이재석 시인 작품의 이해를 돕고자 한다.

첫째, 시는 시인 자신의 존재 의의를 증명한다. 작품명 아래 시인의 이름이 적힌다. 자신의 이름이 적힌 작품은 자신을 대신한다. 이 세상에 존재함을 증명하는 유기체가 되는 것이다. 그러기 위해서는 시에 생명력이 있어야 한다. 혼자서도 살아 있는 목소리를 낼 수 있어야 그 존재는 오래갈 수 있다. 둘째는 시를 쓰는 시인은 자기 목소리로 살아갈 수 있다는 것이다. 시인은 빈부귀천이 없이 누구나 다 시를 쓸 수 있다. 자신의 삶을 자신만의 목소리로 작품에 풀어낼 수 있는 사람이 세상에 얼마나 있을 것인가? 시는 곧 그 사람의 삶을 보여 준다는 의미도 된다. 셋째로 세계의 중심이 되고 삶을 능동적이고 적극적으로 살 수 있다. 자신이 쓰는 시에 담기는 세계는 자기가 중심에 서 있음을 보인다. 우주의 중심은 자기로부터 시작되기 때문이다. 넷째, 사색하며 산다. 파스칼이 말하는 생각하는 갈대와 같이 자신과 세계를 사색하며 사는 것이다. 사색은 존재를 밝히는 방편이기도 하다. 그래서 시에는 자신의 생각이나 느낌을 담아야 한다. 다섯째로 타인에게 감동, 공감, 충격을 선물할 수 있다. 시인이 느낀 감동을 독자에게 전달 할 수 있다. 그것은 충격적인 사실도 이에 해당한다. 시인은 살며 자신이 받은 감동을 시에 담아 독자에게 선물한다. 그럴 때 독자들은 공감을 느끼고 시인과 같은 경험을 하게 된다. 여섯째는 인간이 가진 일곱 가지 감정, 즉 희, 노, 애, 락, 애, 악, 욕을 맛볼 수 있다 그것으로 스트레스를 풀며 살아갈 수 있다. 시 쓰기는 감정 들여다보기이다. 살면서 내면에 일어나는 일곱 가지 감정을 들여다보고 그것을 시로 풀어내면서 온갖 스트레스를 푼다. 일곱째는 종교적 차원으로서 깨달음이나 삶을 줄 수 있다. 종교는 삶의 지표를 제시한다. 시도 마찬가지로 살아가는 지혜와 깨달음을 독자에게 제공해 준다. 그러기에 종교와 같은 역할을 한다고 보여진다. 여덟째로는 시 속에서는 상상력을 마음껏 펼칠 수 있다. 릴케의 《말테의 수기》에서처럼 체험의 무한정한 확장을 꾀할 수 있다. 자신의 생각이나 느낌을 아무런 제한 없이 풀어낼 수 있는 것이 시다. 무엇을 두려워할 것 없이 상상의 날개를 마음껏 펼칠 수 있는 것이 시다. 아홉째는 나의 경험이나 생각으로 타인을 즐겁게 하거나 행복하게 해줄 수 있다. 임금님의 비밀을 간직한 이발사가 속에 담아둔 자신만이 아는 사실을 갈대밭의 갈대들에게 내뱉어서 바람 불 때마다 갈대가 '임금님 귀는 당나귀 귀'를 말해 주어 비밀이 세상에 알려지게 된 것같은 그런 경험을 시인은 하게 된다. 그래서 시인은 자신만이 아는 사물의 비밀을 시에다 풀어 넣어야 한다. 이때 시는 갈대가 된다. 끝으로 인간의 진실과 순수한 마음을 찾아 나설 수 있다. 사물의 아름다움을 추구할 수 있다. 스물 아홉 살에 죽은 윤동주 시인이 이 시대에 부활하는 모습을 보면 시인은 영원히 살 수 있다 할 것이다.

위의 열 가지 방편은 시인만이 가질 수 있는 권리이며 특권이라 할 수 있다. 그 외에도 있을 수 있겠지만 모든 시인이 그것에 다 동의할 수는 없다. 한두 가지에서는 공감할 수 있을 것으로 본다. 열 가지 모두 충족시킬 수는 없겠지만 몇 가지 점에서는 자신의 견해와 일치되는 항목을 발견할 수 있으리라 본다.

2021년《계간문예》신인상으로 등단한 이재석 시인은 위의 어느 항목에 중점을 두고 시는 쓰는 것인지는 시인 본인만이 말할 수 있을 것이다. 그러나 작품상으로 드러난 의미들을 볼 때 이재석 시인의 작품은 대체로 세 갈래로 나뉜다. 우선 거의 모든 작품들 속에서 일상을 만날 수 있다. 이재석 시인은 일상을 기반으로 하여 자신의 현존재를 드러내고 있다 할 수 있는데 일상에서도 가정생활과 종교생활 그리고 음악생활 세 부분으로 크게 나뉘고 있음을 발견할 수 있다. 이 세 가지 삶의 생활은 여행이나 사회 봉사활동, 일상의 생활 모습과는 구분 되어지는 진정성을 지닌다. 어떤 시적 기교나 장치없이 솔직담백하게 그려낸 일상들이 읽을수록 단맛을 낸다. 그것은 시의 중심을 이루는 진솔함이 삶의 진정성을 전해 주기 때문이다. 이재석 시인의 일상이 독자들이 느끼는 일상과는 거리가 있을 수 있겠지만 그렇다고 어떤 특별한 영역에 속하지는 않는다. 시에 드러난 일상에서 우아하고 정제된 삶이 시적 표현과 어울려 기품있는 일상으로 드러난다는 것이다. 이재석 시에 드러나고 있는 일상을 중심으로 시인의 작품세계를 풀어볼까 한다.

세모가 정신없이 지나간다
오케스트라연주, 방송국합창, 크리스마스칸타타, 송년회…
연말 행사들이 잰걸음을 친다
필시 본분은 전업주부인 것을
날마다 여위어가는 냉장고가
식탁 위의 숟가락들이
투덜대며 눈 흘긴다
찬바람에 숲이 빙빙 돈다

— 〈한눈팔고 사는 여자〉 전문

시적 화자는 연말에 여러 모임들을 전전한다. 오케스트라 연주회도 참가하고 방송국 합창단에도 합류하여 연말 공연도 하고 크리스마스 칸타타에 가고 송년 모임에도 가고 이렇게 좌충우돌로 바쁜 일정을 보내어도 자신이 전업주부인 것을 깨닫는다. 며칠간 장을 보지 못해 냉장고가 비게 되고 식탁 위에 앉은 가족들은 엄마가 바빠 음식을 챙겨주지 못함을 투덜거린다. 냉기 흐르는 숲이 식탁 위에 펼쳐진다. 주부로서 당연히 느껴야 할 부분들이다. 이렇게 실제 생활 모습을 담다보니 이재석 시인의 작품이 어렵지 않고 친근하게 다가온다. 오묘한 정신의 세계와는 달리 일상은 매일 몸으로 부딪히는 생활이다. 그렇다보니 사용되는 언어도 차별화되지 않고 생활 속에서 자연스럽게 체득 되어진 언어들이다. 일상에서 한눈팔고 사는 여자인 자신의 삶이 후회스럽다든가 자책한다든가 하는 모습은 보이지 않는다. 그 삶은 어쩌면 자신에게 주어진 삶이란 것이고 그런 삶을 즐기며 일상을 보낸다고 본다. 그러기에 독자들도 편안하게 삶을 들여다본다.

이런 바쁜 일상 속에서도 진심을 갖는 부분은 아무래도 종교생활인 것 같다. 이재석 시인이 담아내고 있는 종교는 독실한 기독교인의 모습이다. 이재석 시인이 어떻게 기독교와 만나게 되었고 하는 문제는 작품과는 별개이므로 여기서는 논외로 삼는다.

종교와 관련있는 작품들을 보면 매 편마다 지극한 신심이 담겨져 있음을 느낀다. 은총과 감사와 사랑이 직설적으로 흐르는 작품은 이재석 시인이 얼마나 믿음이 돈독한 것인지 잘 드러내고 있다.

섬김으로 얻을 수 있는
고난의 열매

주님의 사랑으로
온전히 헌신하는 것

사랑은 믿음을 낳고
믿음은 순종을 낳는 것

순종한다는 것은
주님의 마음을 담아

낙타의 무릎으로 기도하는
진정한 믿음의 길

— 〈순종이란〉 전문

어떠한 수식이나 시적 장치 없이 마음에 그려지는 자신의 믿음에 대한 생각을 그대로 보여 주고 있는 작품이다. 여기에 어떤 설명을 붙인다면 그것은 오로지 장식에 불과할 것이다. 있는 그대로 느끼고 이해하면 된다. 종교는 어떤 은유나 상징이 될 수 없이 그대로 내용을 구성하기 때문이다. 자신이 믿는 종교에 대하여는 순종으로 받아들인다. 고난이 있더라도 사랑과 헌신으로 순종하면 사랑은 믿음을 주고 그 믿음은 순종을 낳게 된다는 것이 이 시의 주된 내용이다. 시적 표현이라면 '낙타의 무릎으로 기도하는 것이 진정한 믿음의 길'이라는 거다. 낙타는 등에 사람을 태울 때는 가장 낮은 자세로 무릎을 구부리고 꿇어앉는다. 이재석 시인은 그런 낙타와 같은 자세로 순종하게 되면 그것이 믿음이라는 것이다. 이런 자신의 종교에 대한 태도는 다른 작품에서도 나타난다.

당신은

'구름으로 하늘을 덮으시며
땅을 위하여
비를 준비하시며
산에 풀이 자라게 하시며'

내 작은 뜰에 씨앗을 틔우고
잔잔한 날개로 꽃잎을 날리며
감사의 열매 맺게 하시는
당신은
만지면 금이 갈 듯 맑은 하늘
언제나 내 곁에 머무시는 구름

— 〈나의 구름〉 전문

작품의 첫 부분에 인용한 부분은 성경의 시편 147편 8절의 내

용을 그대로 가져 와 시의 한 부분을 이룬다. 믿음에 대한 증명인 셈이다. 여기에서 당신은 유추해 보지 않더라도 당연히 시인이 믿는 주님을 뜻한다. 자신의 신은 구름과 같음을 시편을 가져와서 증명해 보인다. 구름은 비를 내리게 하고 비로하여 산에 풀을 자라게 하는 은총을 베푼다. 내 뜰에도 씨앗을 움트게 하며 꽃잎을 날리시며 감사의 열매를 맺게 하시는 당신은 지금은 맑은 하늘로 구름이 보이지는 않지만 언제나 내 곁에 머무르고 있음을 느낀다. '만지면 금이 갈 듯 맑은 하늘/언제나 내 곁에 머무시는 구름'에서 시인의 눈에 담긴 감사와 사랑의 징표로 나타난다. 이런 모습은 〈나의 기도〉에서도 다를 바 없다.

지금까지 지내 온 모든 것이
주님의 은혜였음을 압니다
따뜻한 안온의 일상도
가시밭 고난의 길도
존귀한 그 사랑
나의 미력을 다하여 사랑합니다

— 〈고백합니다〉 전문

이재석 시인이 놓치는 것이 있다. 종교시도 결국은 시적 표현에 담아 종교적 의미를 독자에게 전달해야 한다. 그런데 이재석 시인은 시적 표현에 담기보다는 시인의 육성에 담아내는 모습이다.

이는 예술보다는 종교적 의미에 더 가치를 두기 때문이라고 보여진다. 종교적 의미는 보이지 않는 향기처럼 없는 듯이 배어 나와 사람의 마음을 적셔야 한다. 그렇게 해야만 감동으로 종교를 만날 수 있다. 골목에 퍼져 나오는 향기를 따라 들어갔더니 골목 끝에 매화가 피어 있더라는 것처럼 매화를 발견하는 것은 매화 스스로가 향기를 내뿜고 있었기에 발걸음을 유도할 수 있었던 것이다. 종교는 매화가 내뿜는 향기와 같이 보이지 않는 향기로 스스로 찾아 들게 만들어야 한다. 강요한다고 해서 믿음으로 연결되는 것은 아닌 것처럼 육성으로는 종교가 지닌 감동을 선물할 수 없다. 이재석 시인의 종교시도 매화처럼 향기를 발산할 수 있었으면 하는 아쉬움이 남는다.

다음으로 이재석 시인의 삶에서 비중을 크게 들 수 있는 것은 음악 생활이다. 작품상으로 드러난 음악 활동으로는 오케스트라 단원으로 그리고 합창단원으로 활동하고 있기에 음악은 분리될 수 없는 일상 중 하나라 보여진다. 시에 담기는 사유도 음악과는 분리되지 않는 것들을 포함하고 있다. 바람 소리를 들어도 음악이요, 파도소리를 들어도 음악이요, 매사에 음악의 선율과 동거하고 있음을 느낀다. 그래서 이재석 시인의 작품에는 리듬감이 살아 있다. 그 리듬감과 함께 음악에 대한 이해를 잘 드러낸 작품이 있다.

삶이란

오선지 위를 걷는 쉼표 없는 노래

생의 간극마다 흐르는 선율은
즉흥 변주곡

햇살 눈 부신 날은 라르고
비에 젖은 날은 프레스토
화음을 조율하며 노래한다

살면서
힘들고 버거우면
쉼표 하나 콕 찍어 쉬어가고
기쁨이 넘칠 땐 다시 되돌이표

바쁘게 돌아가는 수레바퀴 속에서
외줄 타는 삶이여
두어 박자쯤 늘린 페르마타의 여유로 가자

— 〈쉼표 없는 노래〉 전문

다소 관념적이지만 삶과 음악을 잘 융합시킨 작품이다. 이재석 시인은 음악을 하면서 삶과 생활이 음악 속에 자리하고 있음을 발견한다. 삶을 정의 하기를 오선지 위를 쉼표 없이 걷는다고 했다. 우리 삶은 쉬지 않고 걷는다는 의미이다. 자신이 살면서 음악을 통해 터득 되어진 지혜일 것이다. 이어서 삶의 간극에는 예고없이 찾아드는 변주곡이 나타난다. 변주곡이란 정상적인 선율의 흐름이 아닌 갑자기 변화되는 어떤 돌발선율이다. 갑자기 겪게 되는 일상 외적인 상황을 의미한다. 일상의 생활을 음악적 요소에 빗대어 드러낸 부분으로 '햇살 눈 부신 날은 라르고/비에 젖은 날은 프레스토/화음을 조율하며 노래한다' 음악의 이해없이는 이해할 수 없는 이미지다. 그리고 쉼표 없는 노래라도 '두어 박자쯤 늘린 페르마타의 여유로 가자'고 자신에게 다짐한다. 음악이 있음으로써 이재석 시인에게 시가 찾아오는 모양이다. 이재석 시인의 장점으로 꼽히는 음악적 요소를 가져와 시의 리듬감을 적극 살릴 수 있었으면 좋겠다. 가뜩이나 현대 시가 리듬감을 상실해서 메말라가고 있는 실상을 벗어나는 계기로 삼았으면 좋겠다는 바람을 갖는다.

가을빛 짙게 물들어가던 날
오랜만에 찾아간 동래문화회관
추억 깃든 통나무 벤치가 먼저 반긴다

코로나19에 갇혀 있던
단원들의 재회
너무나 반가워 얼싸안고
한바탕 떠들썩한 오케스트라 연습장

쿵딱거리는 가슴 가슴들
따뜻한 커피 한 잔으로 다독인다

지휘자 손끝에서 춤추는
멘델스존의 감미로운 음률
에메랄드 물결에 젖어 드는 단원들

오랜 기다림 속에
잠자던 바다는 다시 출렁거리고

— 〈다시, 선율은 흐르고〉 전문

코로나19라는 전염병으로 인해 한동안 오케스트라 연습을 하지 못하고 있다가 전염병 병세가 약해지자 연습을 재개하기 위해 단원들이 한 자리에 모였다. 재회의 기쁨이 잠자던 바다가 일어나 다시 출렁거리는 것으로 묘사된다. 음악 생활의 멋진 아우라를 표현한 것이다. 삶에 윤활유를 더하는 음악은 이재석 시인에게는 오아시스와 같은 것이 아닐까. 음악을 연주하는 동안에는 만사를 잊고 선율에 몰입되고 있음을 느낀다. 연주함으로써 얻는 행복감이 느껴지는 작품이다.

오후의 햇살이 커피잔에 일렁인다
오랜만에 선 무대 시네마 콘서트

그 뜨거웠던 열기가
커피 향처럼 피어오른다

모차르트의 클라리넷 협주곡
2악장 아다지오가
'아웃 오브 아프리카'의 배경이 되어
깊어 가는 가을밤을 수 놓았다

오케스트라 일원으로 설레던 연주가
열광하는 관객 속으로 황홀하게 스며들었던 밤

나른한 오후가
선율의 잠 속으로 데려간다

— 〈나른한 오후〉 전문

이재석 시인이 담당하는 악기는 '플루트' 다. 악기를 들고 단원들과 함께 무대에 오른다. 성공적으로 연주를 끝내고 관객들의 열광 속을 지나 커피 한 잔을 앞에 두고 휴식을 취한다. 나른한 오후가 자신을 잠 속으로 끌고 간다. 행복한 꿀잠이 된다. 이렇게 음악 생활은 행복을 만들어 준다. '밤 개구리들의/오케스트라 막이 오르면……플루트, 트럼펫, 바이올린, 팀파니에 실린 한 여름밤의 꿈'(〈여름밤의 소나타〉), 우울한 샹송은 밤새 철썩거린다(〈여자의〉), 쇼팽의 빗방울 전주곡(〈차와 커피〉), 언제나 눈 마주치는 거기/TV 옆 홀로 서 있는/클래식 콜트 기타//늘 가까이 있어도/손길은 멀어/나는 언제쯤 저 말 없는/공명의 수심으로 들어가/그리운 알함브라 궁전의 추억을/탄현 할 수 있을까(〈나의 애기愛器에게〉), 아들의 유학길 오른 버클리 음대(〈퍼블릭 가든에서〉)를 읽으면 절로 행복에 겨운 이재석 시인의 모습이 그려진다.

끝으로 가정생활의 표현이다. 앞에서 본 〈한눈팔고 사는 여자〉일지라도 자신의 역할은 완벽하게 끝내주는 주부의 위치는 포기하지 않는다.

사십년 함께 앉은 식탁
담백하고 씀씀한 음식을 좋아하는
쓴맛 단맛 입맛까지 닮은 사람

정수기 한번 터치하면
시원한 물
따뜻한 물
뜨거운 커피 물까지 다 내어놓는데도

꼭 약수만 고집하는 옆지기는
아침마다 뒷산 약수터에 올라
깨알 같은 조간신문 다 읽고 나서는

물 한 통 들고 온다

한 식탁 한자리
평생을 함께 앉아 있었는데도
물맛만큼은 달라
사십년 지기는 오로지 생수

— 〈물맛〉 전문

함께 사는 부부는 닮는다고 하지 않던가. 사십년을 함께 살았는데도 다른 것은 몰라도 마시는 물에 대해서만은 전혀 딴판인 남편의 생활 모습을 공개한다. 전혀 낯설지 않은 모습이다. 아침 뒷산에 오르면 흔히 만나는 남자들 모습과 별 차이 없는 모습이다. 이재석 시인의 장점이 꾸밈없는 진솔함이 이 작품에서도 묻어난다. 있는 그대로의 삶의 모습에서 우리가 사는 존재 이유를 드러내 주고 있다. 삶은 목적이 아닌 과정이라는 것이다. 과정에서 만나는 작은 즐거움들이 모여 행복을 이룬다는 소확행이 그것이다. 마시는 물이 일치되지 않는 함께 사는 남편의 모습에다 자신의 일상을 덧댄 그림이다. 아래 작품에서도 시인은 망설이지 않고 부부간의 일상적인 삶을 솔직하게 토로한다.

노크 없이 아무 때나 드나드는
남편을 아예 건넌방으로 몰아낸

흙 침대 위엔
책과 노트북과 돋보기안경과 유니크한 쿠션이
설익은 습작품들과 뒹굴고 있다

— 〈나만의 방〉 부분

자신의 세계를 찾아 나선 길에 노크도 없이 방에 불쑥불쑥 드나드는 남편을 건넌방으로 쫓아 낸 후 자신만의 세계를 찾고자 한다. 같은 방을 함께 쓰는 사이에 웬 노크를 하란 것인가. 침대에서 남편을 몰아낸 자리에 책과 노트북과 돋보기 안경과 유니크한 쿠션과 설익은 습작품들이 뒹굴고 있다고 했다. 시적 화자의 스스럼 없는 표현에는 부인의 창작생활을 십분 이해하는 마음이 어려 있다. 그렇지 않고서는 이 시는 이해 되지 않는다. 그리고 이렇게 드러낼 수 있음은 동반자에 대한 강한 신뢰가 바탕이 되고 있음이다. 이런 가족이 함께 함으로써 앞에서 살펴본 시 〈한눈팔고 사는 여자〉가 쉽게 이해될 수 있는 것이다. 그것을 바탕으로 한 안정적인 생활은 이어져 여가 생활로도 이어질 수 있는 바탕이 된다. '맞바람을 뚫고/창공을 나르는 드라이버 샷/아차 하면/오비 또는 벙커 해저드' (〈그린 위에〉) 골프를 치고 있는 모습이다. 행복한 가정의 모습은 손녀의 재롱을 보는 행복한 모습을 그려 보인다.

수아야, 너는
이 할미를 녹이는 솜사탕이란다

작년만 해도
네 키만한 플루트를 들고
푸푸~
악기를 입에 대고 목소리로는 '나비야 나비야'
'할머니 나 잘 부르지!' 하던
어느새 훌쩍 자라
내 무릎에 앉아 쉬지 않고 재잘거리던
너는
이 할미를 홀딱 녹이는 솜사탕이란다

다섯 살 아이가 언제 그리 배웠는가
TV 앞에서 깨금발로 빙글빙글 돌아가는 발레는
네 엄마 때보다 훨씬 나은 솜씨란다

이제 너의 꿈 한없이 부풀어 올라
하늘과 땅을 녹이는
큰 솜사탕 되거라

— 〈솜사탕을 안고〉 전문

손녀는 솜사탕처럼 달콤하다. 손녀의 재롱에 흠뻑 빠져 행복해하는 할머니와 어느덧 훌쩍 자라 노래도 부르고 발레도 추고 하는 손녀와의 교감을 통해 손녀는 솜사탕처럼 할머니를 녹이고 있다. 녹는 것은 솜사탕이지만 자신이 손녀의 재롱에 빠져 솜사탕으로 녹는다고 표현한 것이다. 할머니의 바램은 손녀가 더 큰 솜사탕이 되어 더 큰 세상을 녹일 수 있는 큰사람이 되기를 갈망한다. 이 시에는 3대에 걸친 모녀가 등장한다. 할머니는 손녀의 재롱을 보면서 딸의 성장기를 생각하고 있다. 할머니는 자기 엄마보다 나은 손녀를 보면서 더 흐뭇해 한다. 할머니에게는 손녀가 제일이다. 이 작품에서 3대의 존재를 자연스럽게 드러내면서 행복한 가족의 모습을 보여준다.

화장대에 앉아 창밖 표정을 본다
오늘 저녁 만찬엔
수선화 꽃잎 머리핀이 어울릴 것 같다
노란 큐빅 나비 한 마리 날개를 활짝 폈다 접는다
젖지 않은 바다에서 자맥질하듯
행간마다 사뿐사뿐 내려앉는 날갯짓
어느새 검은 바다의 숲속이 허전하다
기울어진 오후의 바다가 쓸쓸하다

— 〈나비를 따라가다〉 전문

이재석 시인의 작품들은 해설이 필요 없을 정도로 쉽고 접근이 용이하다. 독자들이 느끼는 일상과 그렇게 차이가 나지 않는 삶을 노래하기 때문이다. 다른 점이라면 사랑을 바탕에 깔고 삶을 드러내는 것이 다르다면 다를 것이다. 물론 보는 사람에 따라 달리 보일 수도 있겠지만 작품만 놓고 감상할 때 사랑이 향기처럼 느껴지는 부분이다.

이 작품은 시적 화자가 모임에 가기 위해 화장을 한다. 경대 앞에 앉았을 때 문득 바깥 풍경에 시선이 간다. 밖은 화창한 봄날, 저녁 만찬에 어떤 차림으로 갈 것인가를 망설일 때 수선화 꽃잎 머리핀이 어울릴 것 같다고 느껴 큐빅으로 된 나비 형상의 머리핀을 꽂는다. 나비를 머리에 얹자 젖지 않는 바다에서 자맥질하듯 행간마다 사뿐히 내려앉는 날갯짓을 상상한다. 나비가 날아갔기에 바다의 숲속이 허전해짐을 느낀다. 기울어진 오후의 바다가 쓸쓸해진다. 여기에서 바다는 자신이 가야 할 저녁 모임쯤으로 여겨진다.

시쓰기는 사물에 내재되어 있는 자신의 모습이나 의미를 발굴하는 행위다. 그러기에 시는 일상 그 이상의 정신세계를 보여 주어야 한다. 독자들이 읽고 위안을 받을 수 있고 그곳에 도달하고 싶은 세계, 높은 정신의 세계를 경험할 수 있는 계기를 마련해 줄 줄 알아야 한다. 그것이 독자가 시를 읽는 의의가 될 것이다. 이재석 시인의 시집 출간을 축하드린다.

계간문예시인선 204

이재석 시집 _ 나비를 따라가다

초판 인쇄 2024년 6월 10일
초판 발행 2024년 6월 15일

지 은 이 이재석
회　　장 서정환
발 행 인 정종명
편집주간 차윤옥

펴 낸 곳 도서출판 계간문예
주　　소 03132 서울 종로구 삼일대로 30길 21 종로오피스텔 1209호
전　　화 (02) 3675-5633 팩스 (02) 766-4052
이 메 일 munin5633@naver.com
홈페이지 http://cafe.daum.net/quarterly2015
등　　록 2005년 3월 9일 제300-2005-34호
연 락 처 03132 서울 종로구 삼일대로 32길 36 운현신화타워 305호
인　　쇄 54991 전북 전주시 완산구 공북1길 16, 신아출판사
ISBN 978-89-6554-299-5 04810
ISBN 978-89-6554-118-9 (세트)

값 12,000원